COW FACE COLORING BOOK

CRYSTAL
COLORING BOOKS

ISBN-13: 978-1978086029
ISBN-10: 1978086024

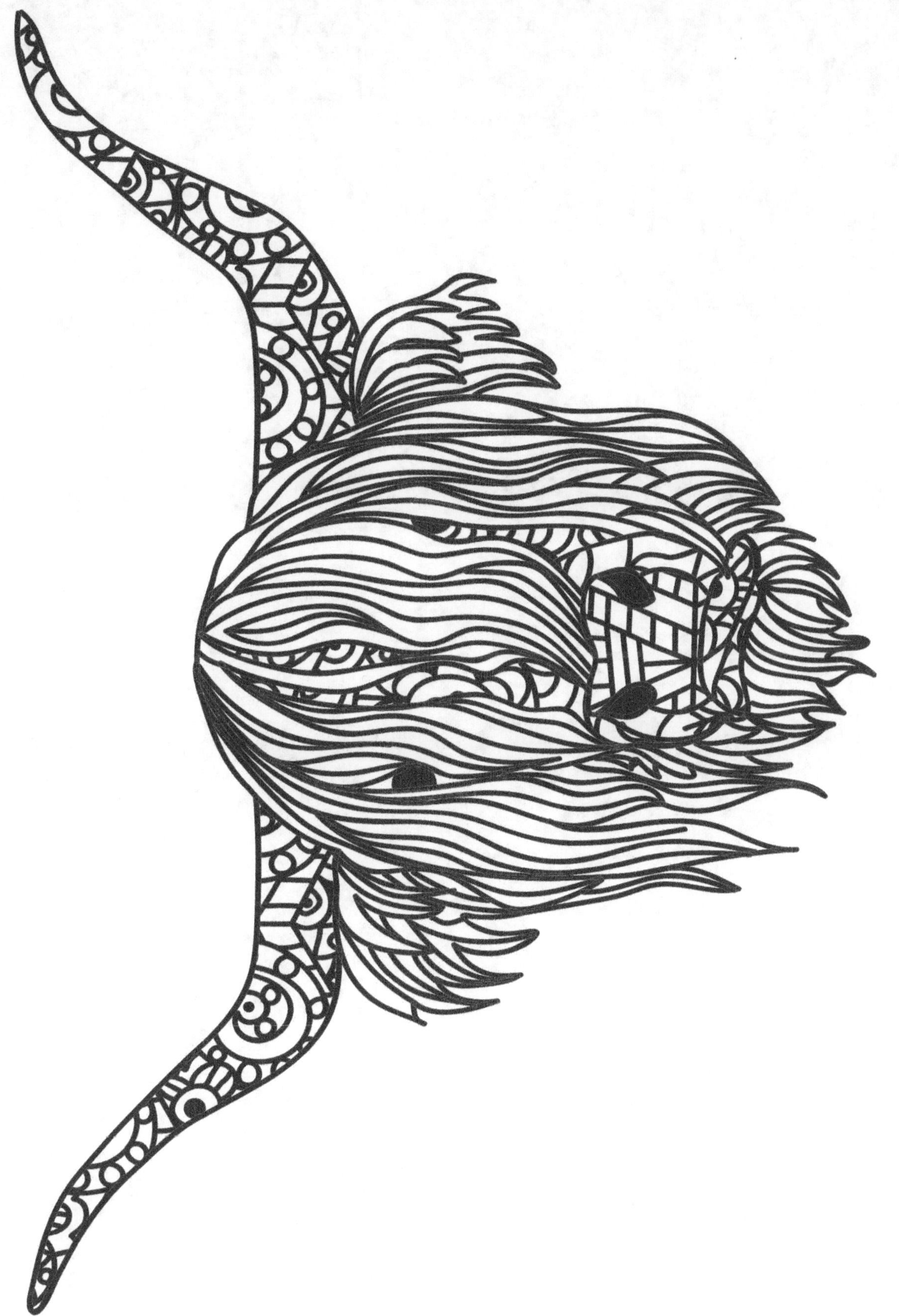

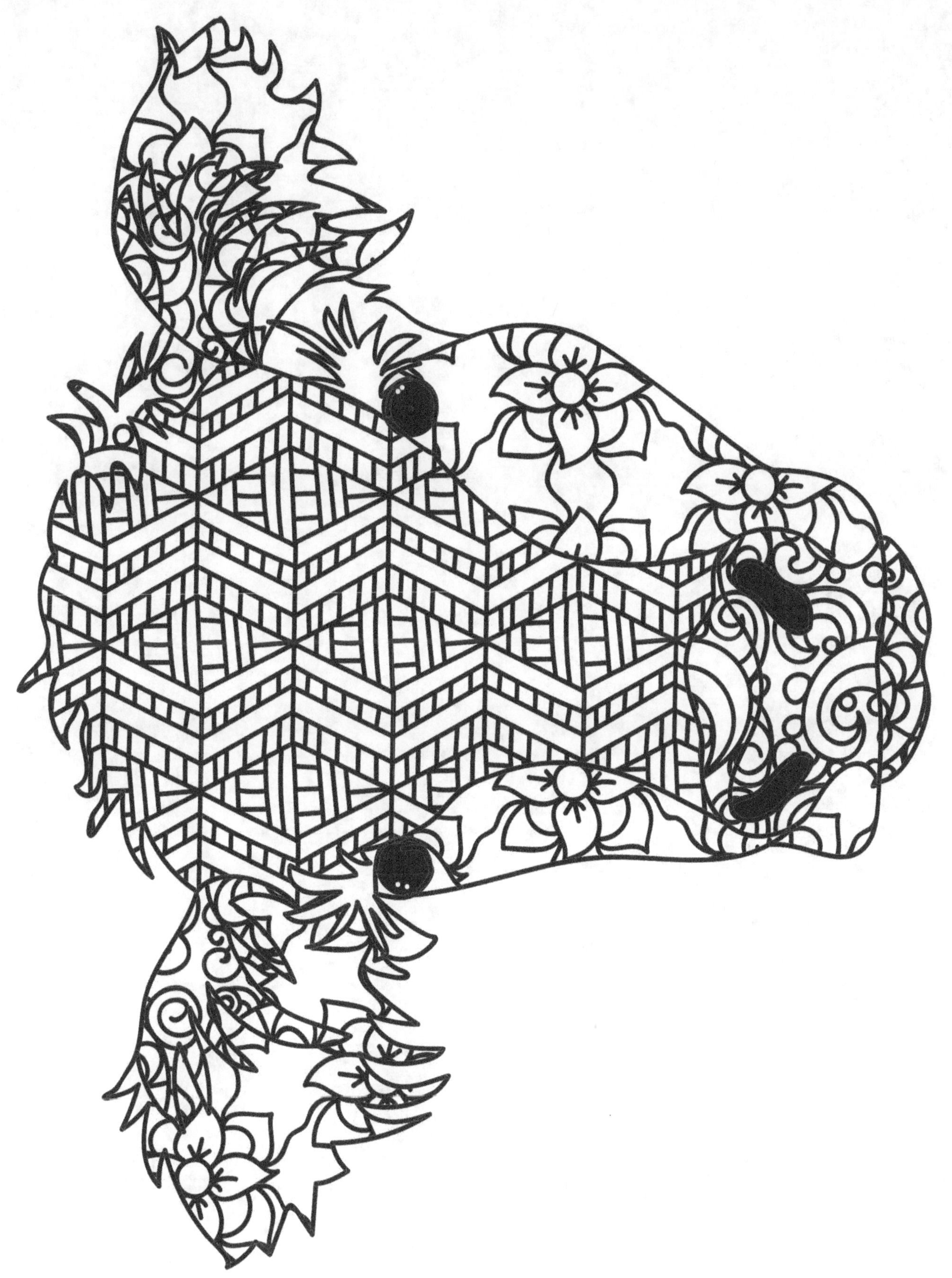

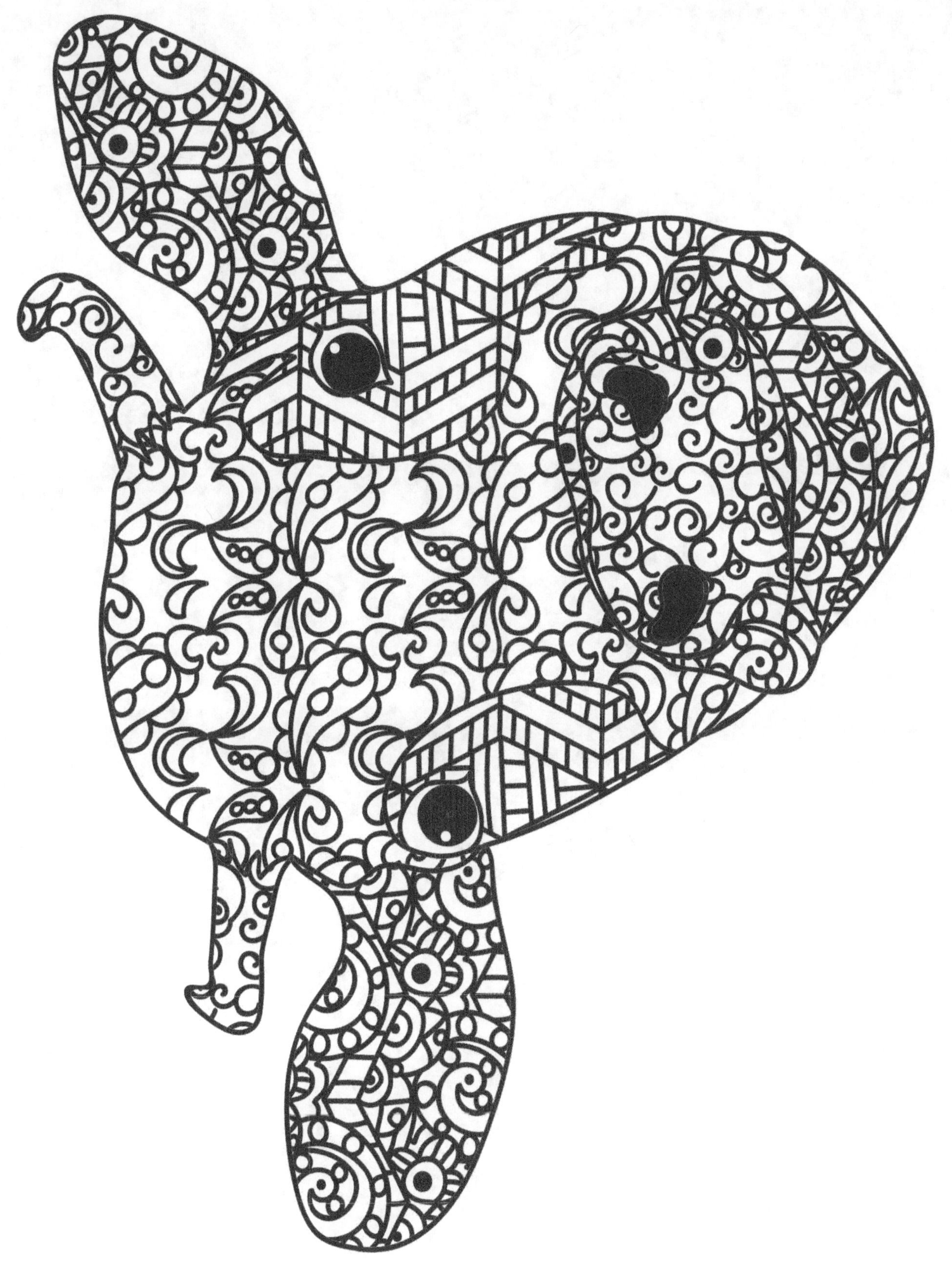

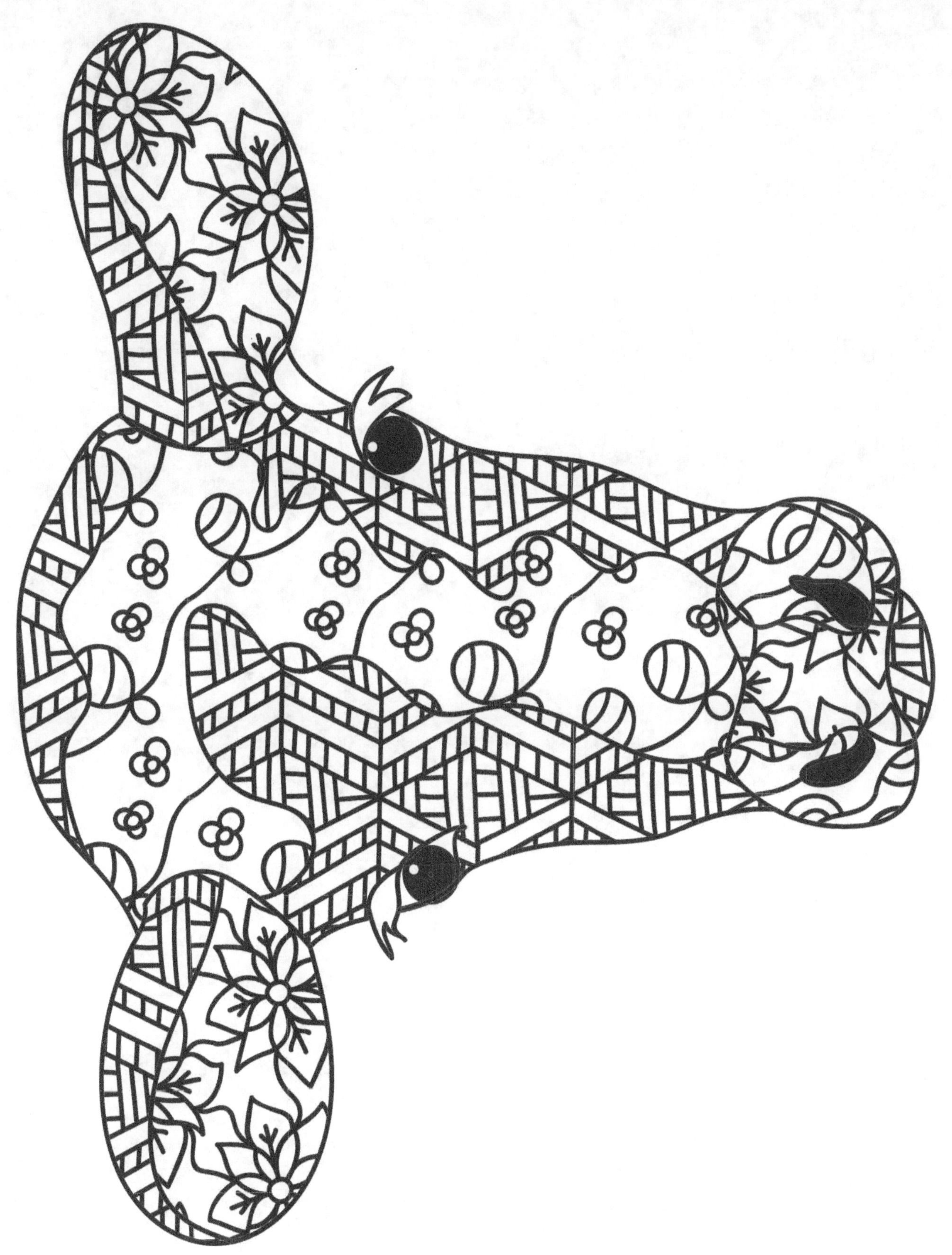

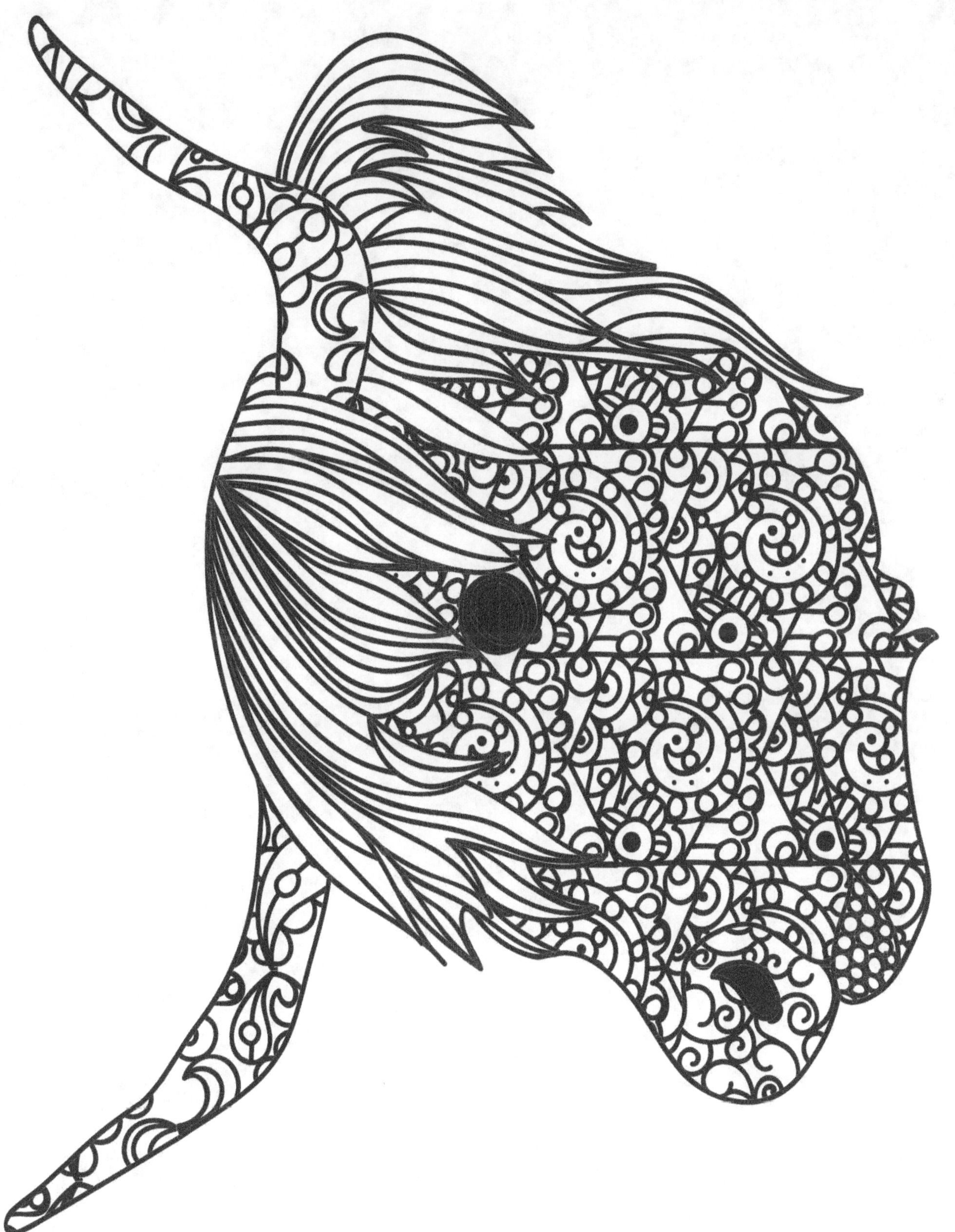

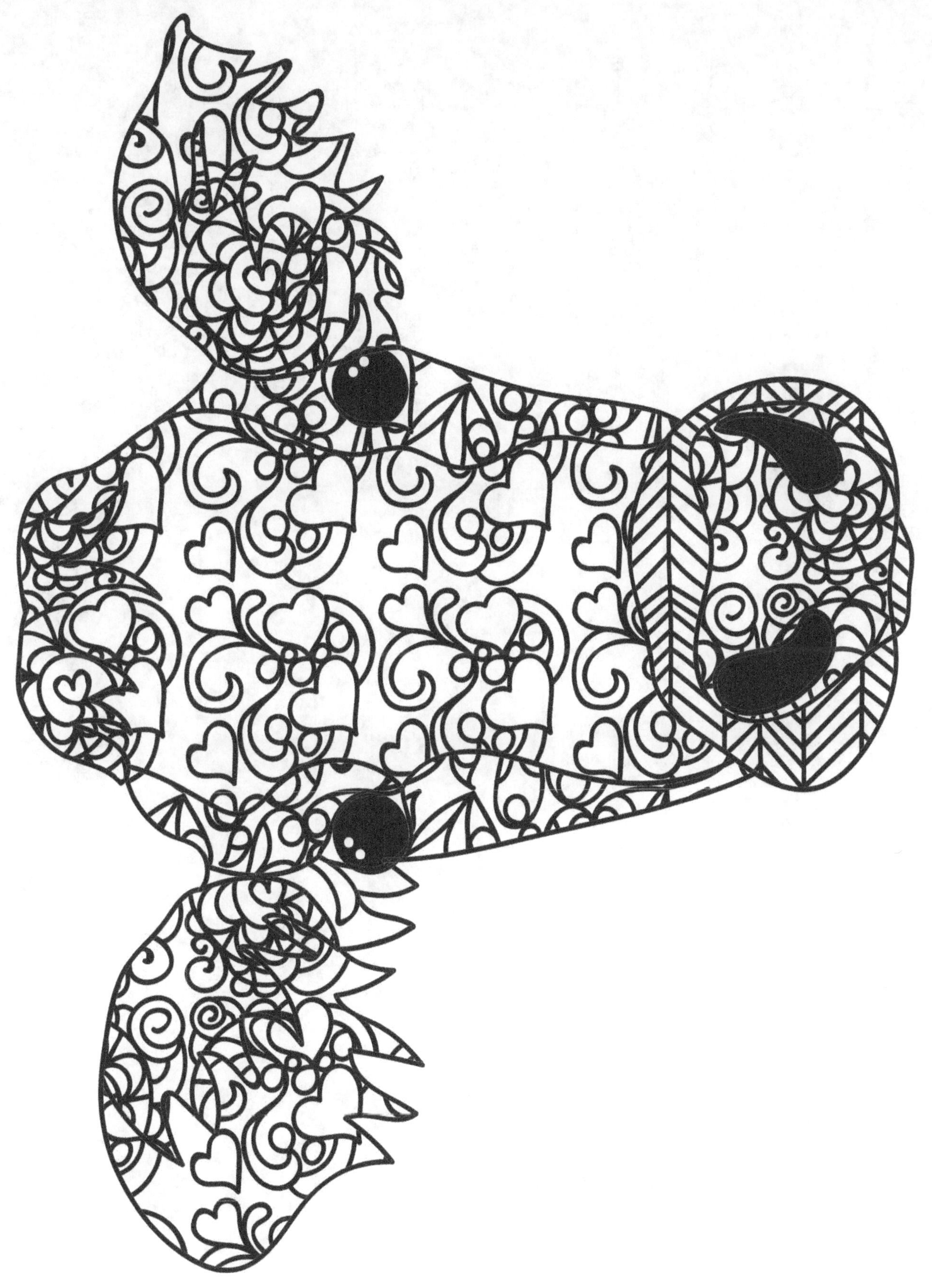

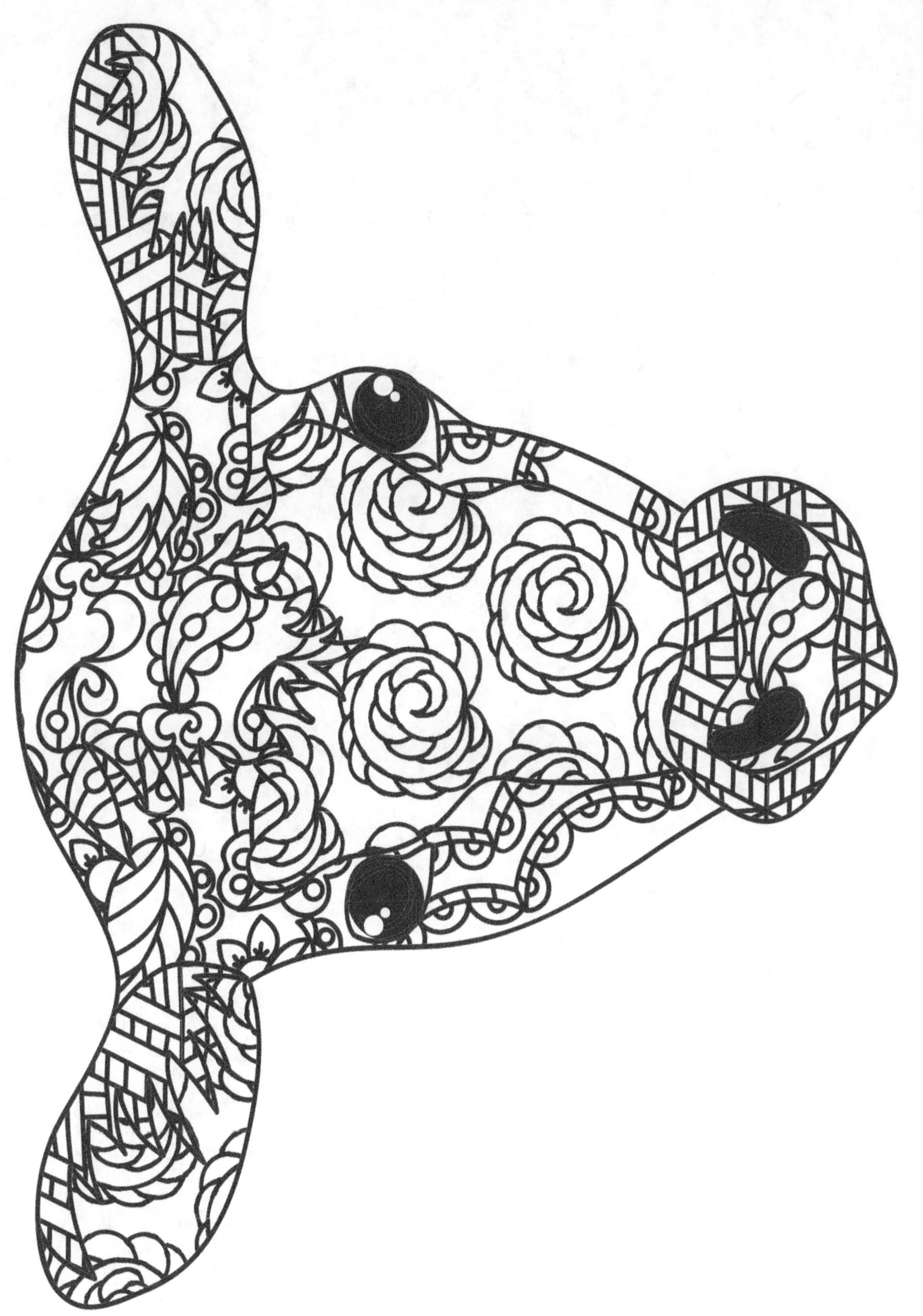

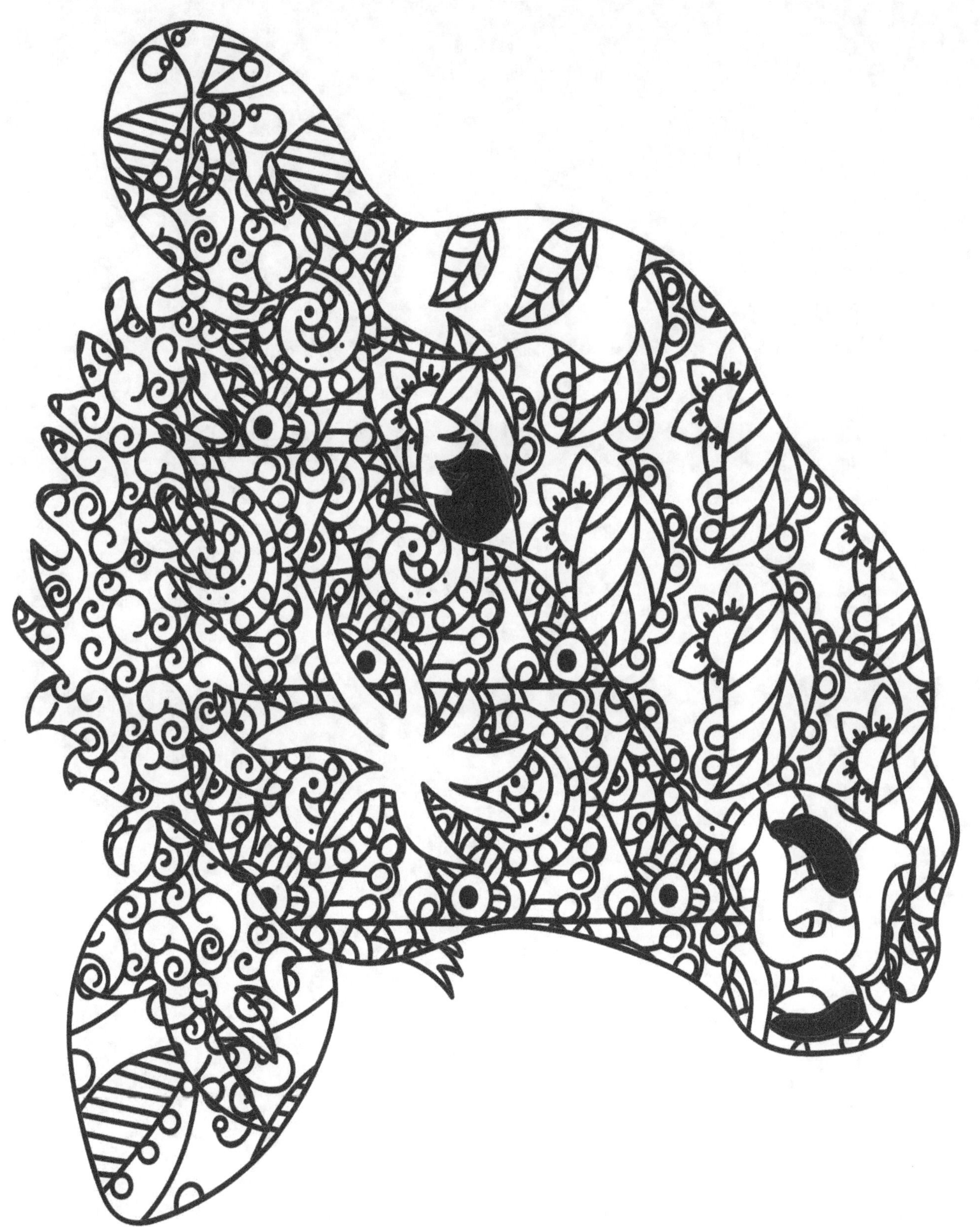

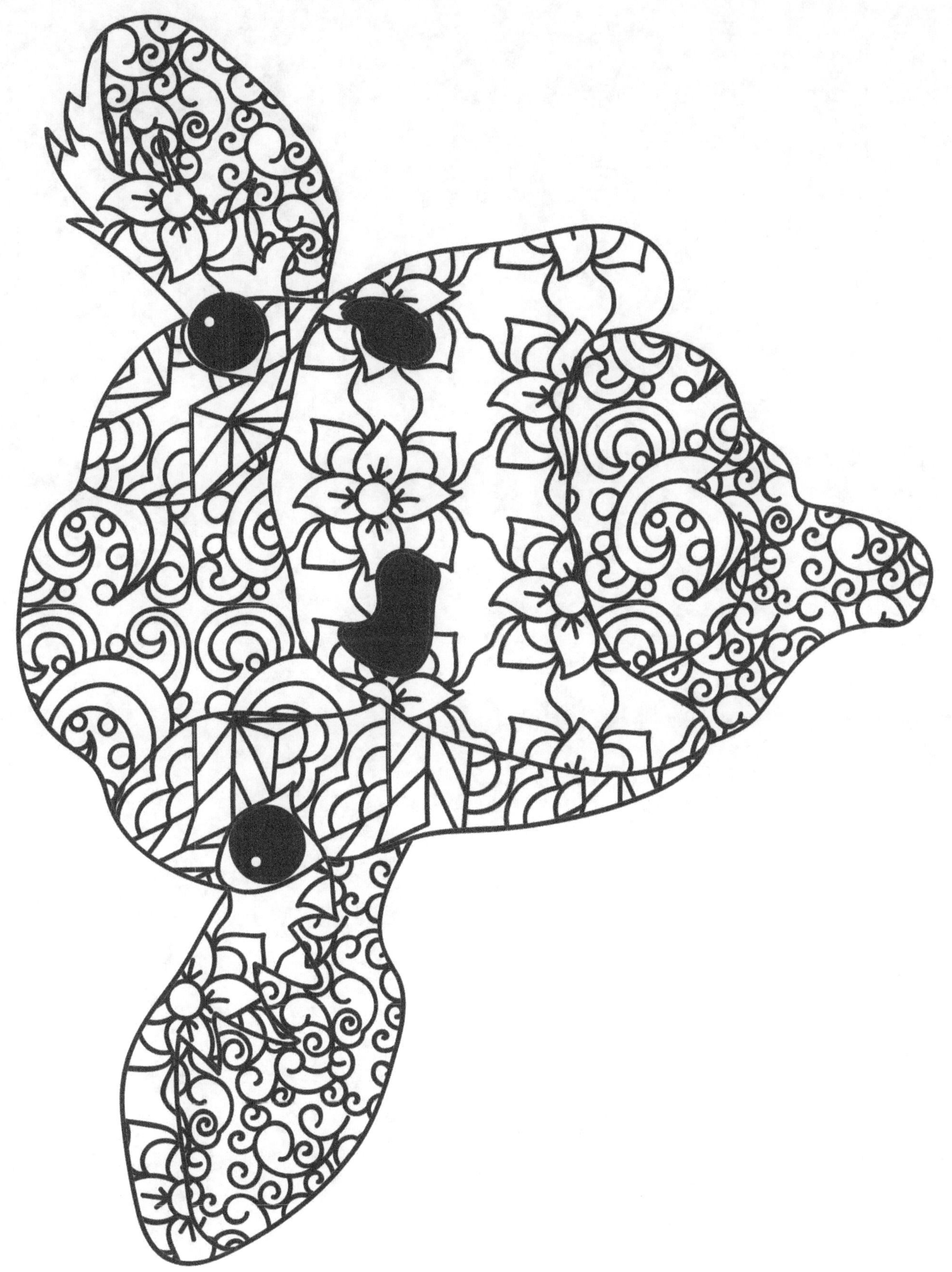

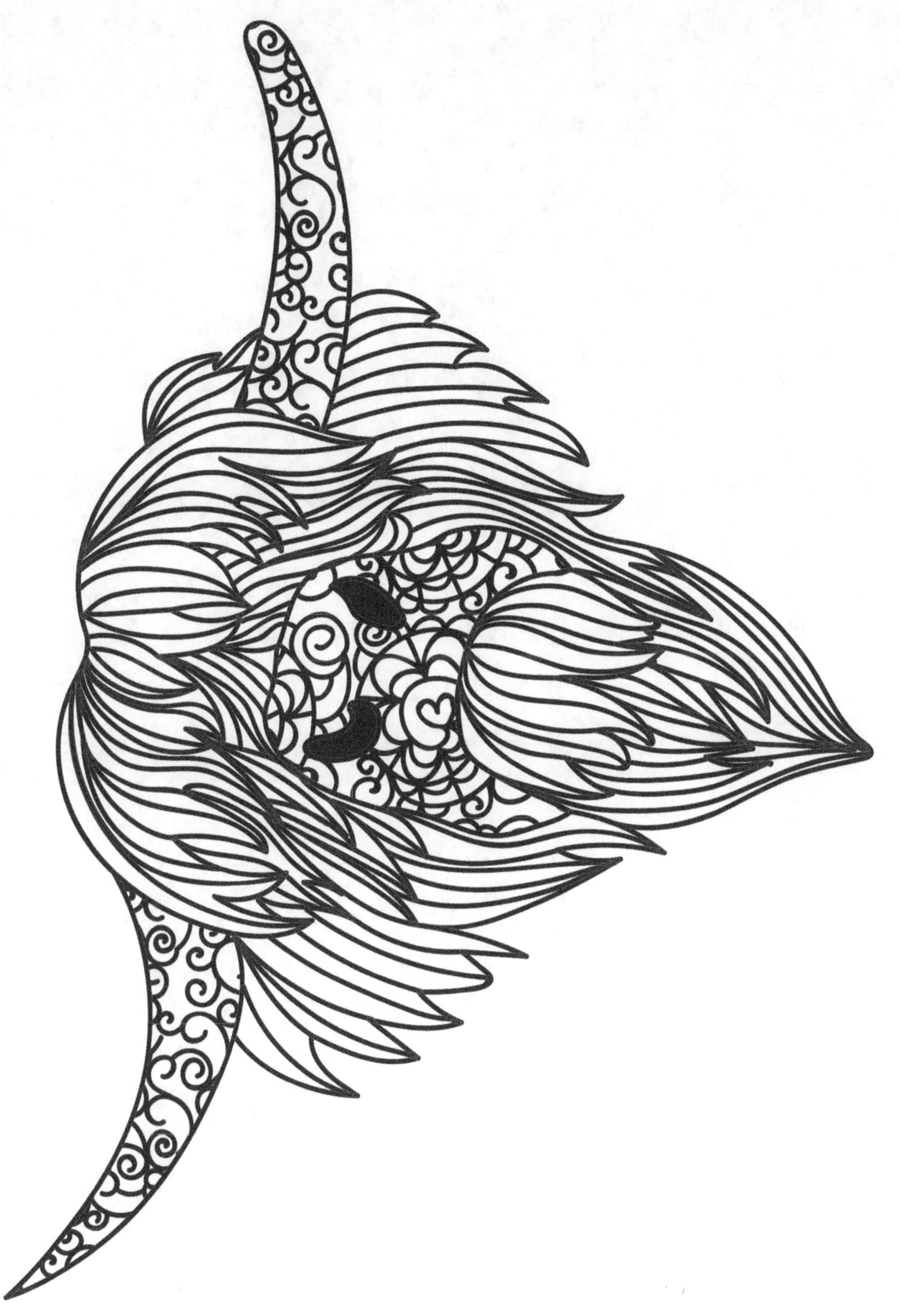

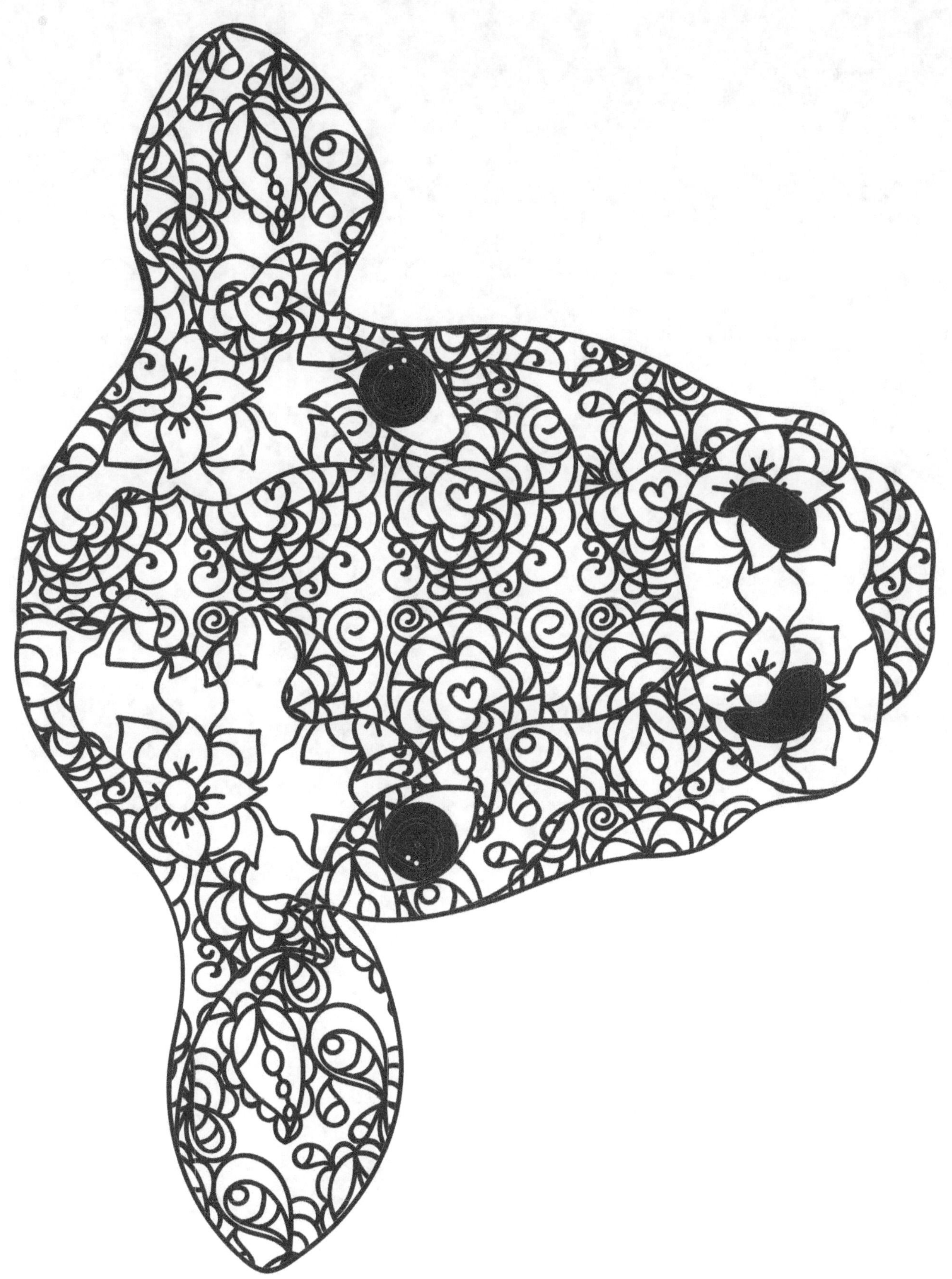

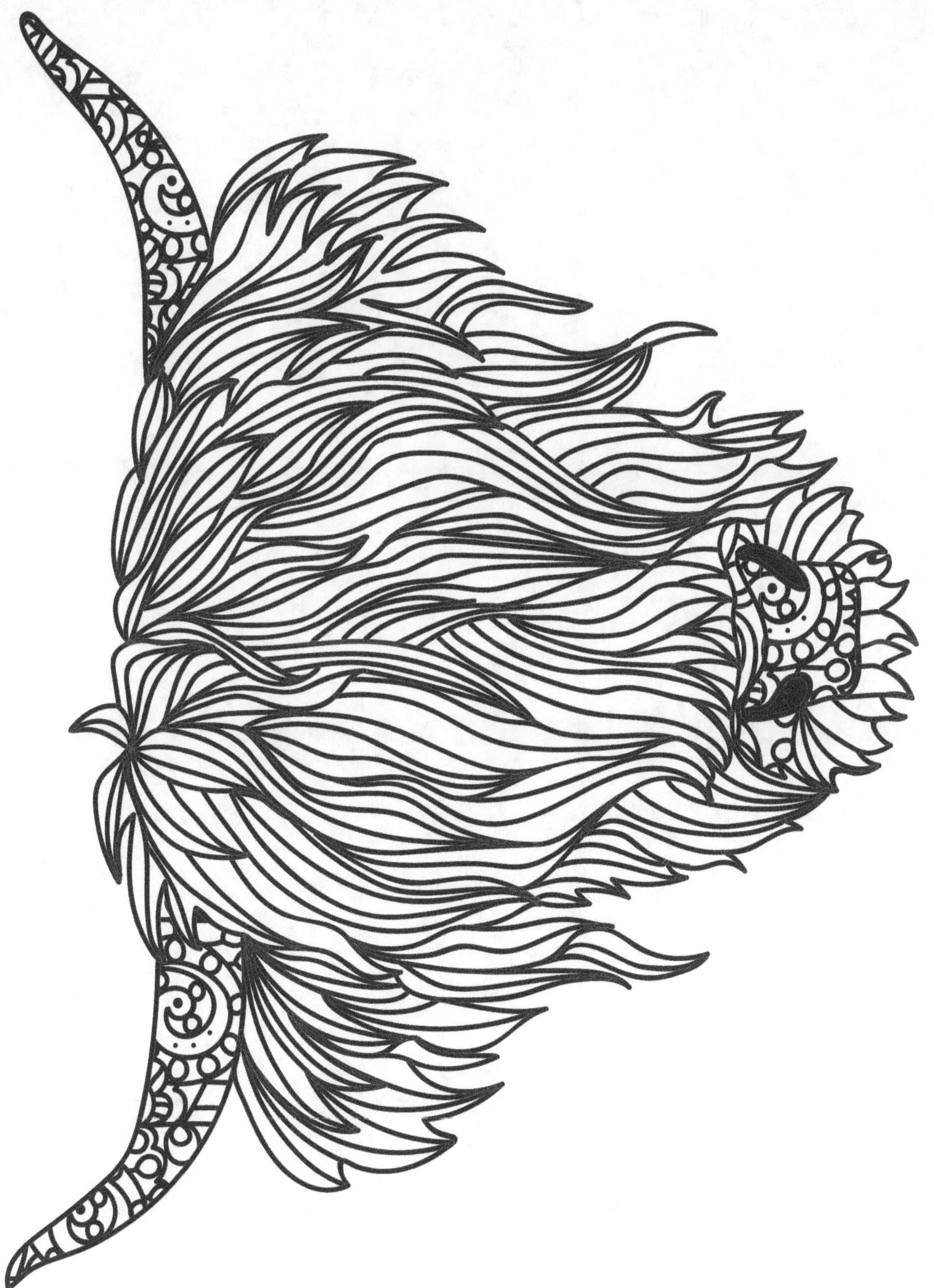

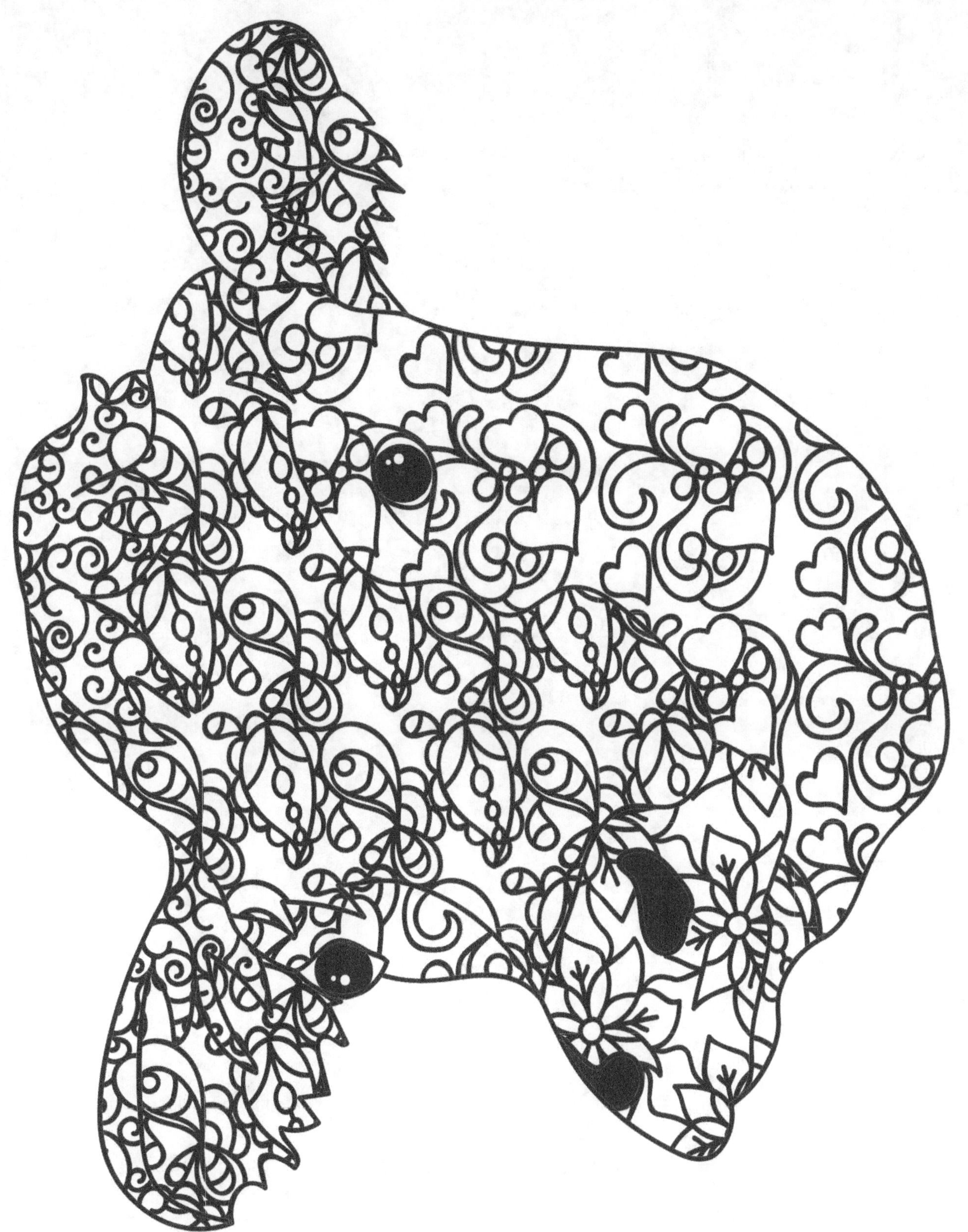

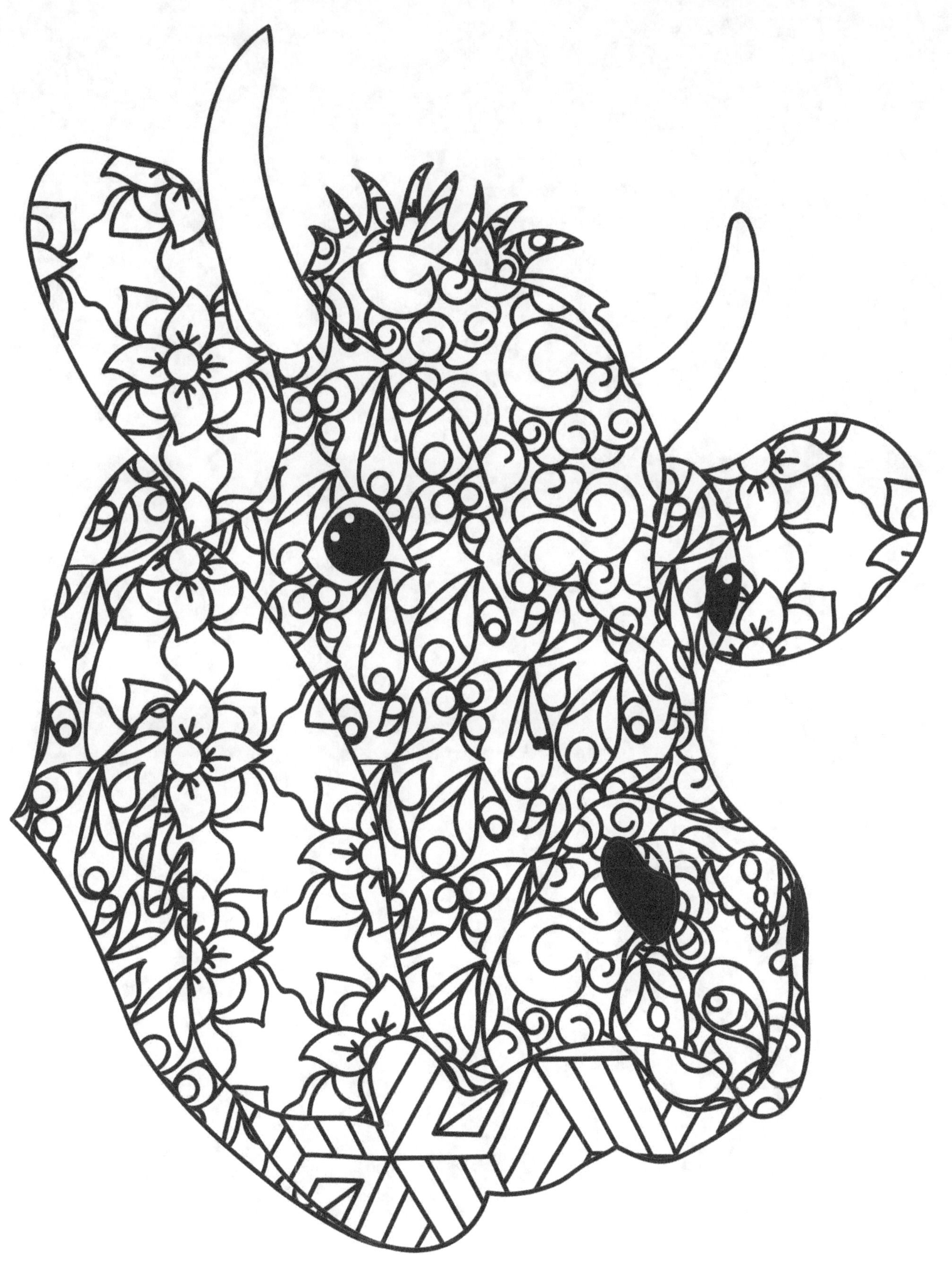

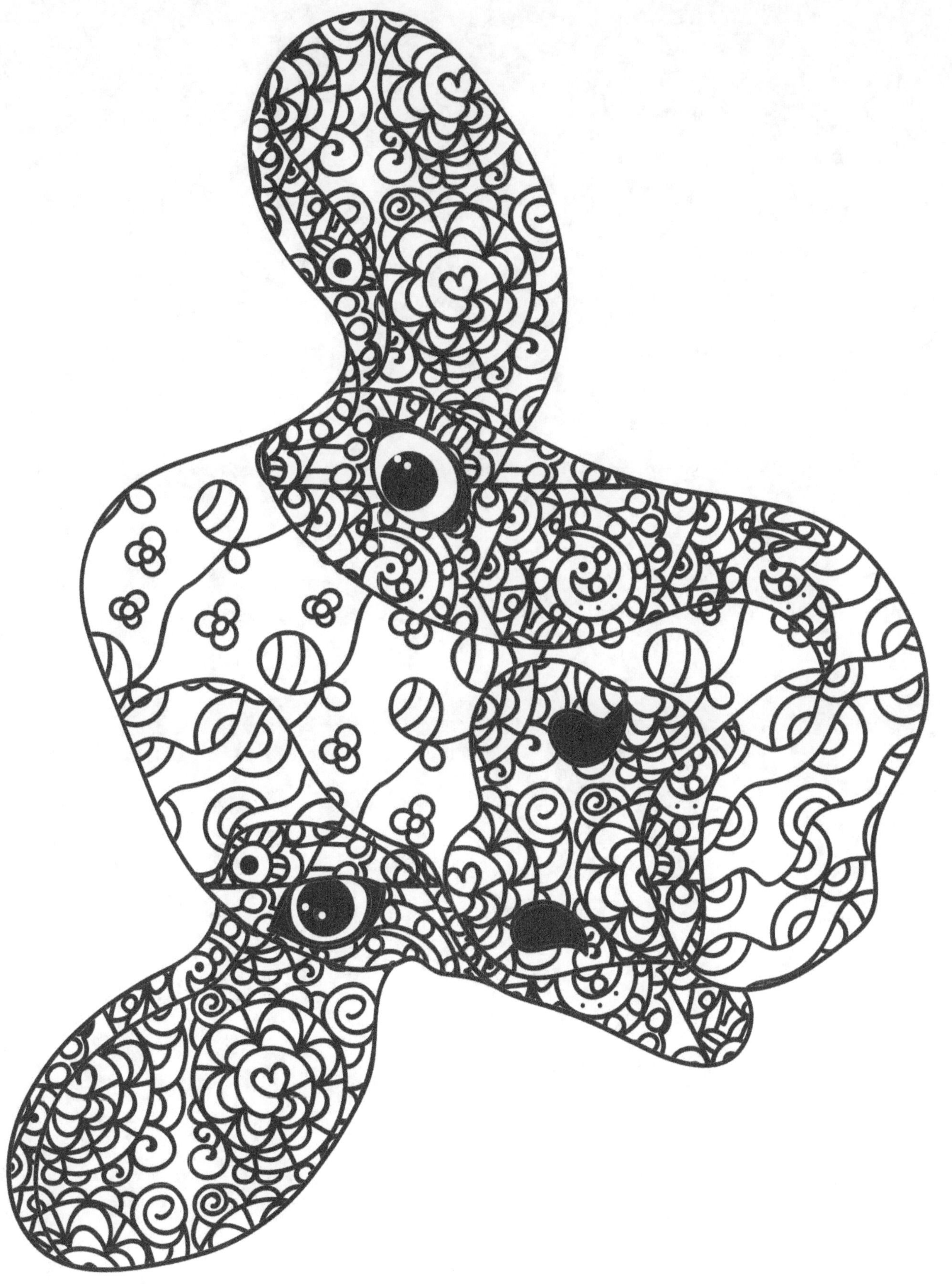

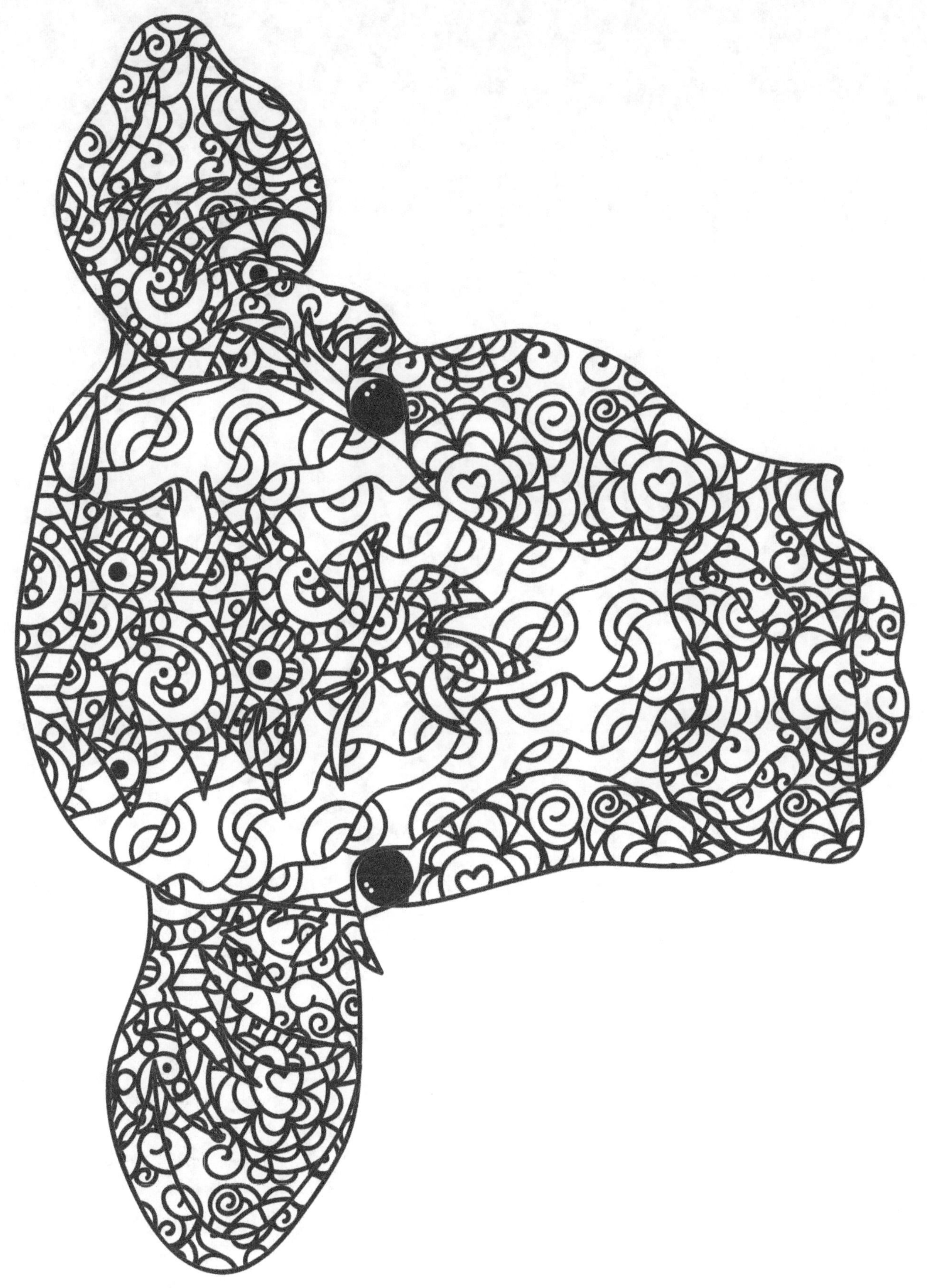

COLOR TEST PAGE

COLOR TEST PAGE